LE JOURNALISME

ACTUEL

ET LA

LETTRE A L'EMPEREUR.

Inaction inféconde.

G. SAND, *Mémoires.*

PARIS

H. DUMINERAY, LIBRAIRE-ÉDITEUR,

52, RUE RICHELIEU.

1854.

LE

JOURNALISME ACTUEL

ET LA

LETTRE A L'EMPEREUR.

L'apparition d'une brochure qui a posé hardiment une des questions les plus importantes de l'époque actuelle, ayant produit une certaine sensation parmi les hommes qui se préoccupent de l'avenir de l'Europe, on aurait pu croire que les principaux organes de la presse française se seraient empressés de saisir cette occasion pour aborder franchement la question.

Le silence glacial qu'ils ont gardé sur cette brochure a dû surprendre les gens sérieux et réfléchis ; mais comme il pourrait décourager en même temps ceux qui n'ont dans une cause si souvent abandonnée qu'une croyance imparfaite et mal définie, nous croyons qu'il est bon d'éclairer l'opinion sur les causes de ce silence, en appréciant avec justice et impartialité la position de la presse en France.

La Lettre à l'Empereur en est à sa seconde édition : comment se fait-il que la presse l'ait ignoré et qu'elle n'ait pas jugé à propos de s'en occuper ? Est-ce par embarras, par timidité, par esprit d'opposition, ou par répugnance ?

Je n'analyse pas la Lettre à l'Empereur : peu m'importent ses détails et sa valeur littéraire ; cette brochure a un but politique, je prends donc l'idée dominante qui l'a inspirée, je la place à côté du silence obstiné qui y a répondu, et je pose ce dilemme, qui peut être fécond en enseignemens. — De deux choses l'une : ou la question traitée dans cette brochure n'est pas à la hauteur de la presse, ou la presse n'est pas à la hauteur de la question. Nous tâcherons d'arriver à des conclusions.

La lecture de la Lettre à l'Empereur me confirme dans l'opinion que j'ai toujours eue sur la mission providentielle de l'époque inaugurée au 2 Décembre ; son action subjective est si forte et si puissante, qu'elle entraîne involontairement sur ses traces toutes les questions qui se groupent autour d'elle. La transformation qui s'est faite en France, comme par enchantement, grâce à une volonté réfléchie et intelligente, se reproduit partout ailleurs, sous des formes nouvelles : à ce point de vue, la brochure dont je parle a une importance qu'il est bon de signaler. La cause polonaise, frappée par bien des gens de l'anathème révolutionnaire, se pose ici, avec calme et modération, comme une question sérieuse en état de solidarité incontestable avec les événemens qui se déroulent devant nous ; elle abandonne le terrain révolutionnaire pour se placer dans la voie régulière de la discussion. C'est une transformation importante, qui ne devrait pas échapper au regard de tout observateur consciencieux et bienveillant, et qui est digne, en tout point, de la source qui l'a inspirée.

Partisan *a priori*, comme je le suis, de toute idée qui peut concilier l'esprit conservateur avec le besoin de progrès et de civilisation, je ne puis qu'applaudir à cet instinct élevé d'une nation aux abois, qui lui donne la force de dominer ses entraînemens, de raisonner de sang-froid ses souffrances, et d'offrir, toute mutilée qu'elle soit, son concours moral à une cause qui est devenue désormais la cause de l'ordre et du bon droit en Europe : je m'en réjouis, car cette disposition des esprits, dans une nation privée de son existence politique, nous donne la mesure de sa valeur morale et des services qu'elle est appelée à rendre.

Telle a été l'impression que me fit la Lettre à l'Empereur ; je m'attendais bien à des argumens contraires, à des appréhensions hostiles, à des réfutations inspirées par l'esprit de routine ou de méfiance ; mais je ne m'attendais guère à la négation par le silence (1).

Comment! parce qu'une question surgit logiquement des événemens, parce qu'elle se pose hardiment en face des obstacles qu'elle n'a pas la prétention de dissimuler, parce qu'elle cherche un appui régulier en dehors de la révolution, et qu'elle se présente avec toute la force et l'énergie qu'elle a en elle-même, et qu'elle peut imprimer à l'action commune de l'Europe contre l'agression ambitieuse du Nord, la presse française ne trouve rien à répondre à cet effort sublime d'une nation épuisée vers son indépendance, et lui offre pour tout encouragement quelques paroles incohérentes, ou un silence obtiné! Mais où est donc cet esprit français, jadis si fier et si indépendant, si sympathique à tout ce qui est noble et généreux, si prompt à devancer l'avenir? Il semble s'être retiré de ceux qui ont eu l'audace de le plier à leur étroite convenance ; c'est pourquoi, privés de ce souffle inspirateur qui a enfanté tant de prodiges et a fait de la France l'aînée de la civilisation, ces hommes aveuglés par un matérialisme étroit se trouvent à court d'argumens devant une polémique sérieuse, et saisis d'épouvante au nom seul d'une question qui n'entre pas dans la routine de leurs préoccupations journalières, ils préfèrent abdiquer toute initiative et se retrancher dans une insouciance coupable.

Un sujet élevé par lui-même, et qui touche au sort de quelques millions d'hommes, n'est-il donc pas digne d'occuper l'attention de la presse? N'y a-t-il pas là un vaste champ à explorer, une issue ouverte à toutes les nobles aspirations? Répondre par une fin de non recevoir, ou opposer l'ironie au raisonnement et aux convictions, ce n'est pas répondre, c'est éluder la question et faire acte d'impuissance, car le carac-

---

(1) Un seul journal en a parlé, c'est l'*Union*, mais avec ce manque de sérieux et de profondeur qui caractérise la presse française, lorsqu'elle s'occupe d'un sujet qui ne lui est pas familier : elle raille pour se mettre à l'aise tandis que la raillerie ne prouve que le vide des idées, la faiblesse de l'argumentation, et l'absence des convictions : un sujet sérieux demande pourtant à être traité sérieusement.

tère de tout esprit sérieux est de prévoir les faits et non pas seulement de les enregistrer.

En quoi serait-il impossible que la Pologne, abattue par des intrigues séculaires, par une complicité de hasard et presque involontaire, par un entraînement irréfléchi, fût reconstruite par une nécessité commune et une politique mieux entendue? Qu'y aurait-il de si étrange et de si surprenant dans un fait, qui ne serait, au point de vue philosophique, qu'une réaction logique à une fausse situation? En vérité, il n'y a qu'un reste de sympathie pour l'empereur Nicolas, ou un préjugé fortement invétéré contre le soi-disant esprit révolutionnaire de la Pologne, qui puissent expliquer l'hésitation de la presse et de l'opinion en face d'une semblable question, et les doutes et les réticences qu'elle inspire.

Mais je n'admets pas des motifs pareils au mutisme de la presse : il en est d'autres, qu'on cache plus soigneusement, mais qu'il est bon de dévoiler, pour pouvoir arriver à la conclusion, que c'est la presse qui n'est peut-être pas à la hauteur de la question.

Il arrive souvent que certaines choses qui paraissent inexplicables au premier abord, cachées qu'elles étaient par des motifs d'intérêt particulier, trouvent enfin leur explication si l'on remonte aux véritables causes. Celles-ci tiennent parfois aux individus, à leurs habitudes, à leurs antécédens, et à leurs opinions préconçues, ennemies naturelles, comme on le sait, de toute modification. Voilà où en est le corps militant du journalisme en France. La presse, comme institution, n'a jamais été qu'un moyen de gouvernement, et elle n'a pu se relever de ce défaut originel : organe tour à tour, de tel parti ou de tel individu, qui désirait arriver ou rester au pouvoir, son rôle se bornait toujours aux questions personnelles, aux intrigues électorales et parlementaires ; son action consistait à attaquer les majorités ou à les défendre, à encourager ou flétrir les minorités, à faire rejeter ou adopter tel ou tel projet de loi, contraire ou conforme à ses intérêts. Etait-ce une situation normale et régulière? Cette situation a inspiré, il est vrai, de brillantes pages, des aperçus pleins d'habileté relative, de verve et de finesse, mais elle a restreint le cercle de la discussion, elle a forcé les plus belles intelligences, les plus incontestables talens, à se renfermer dans des questions étroites de détails, d'intérêt local, d'influences personnelles et passagères.

Cette situation fausse et anormale devait disparaître devant le souffle restaurateur du 2 Décembre, en laissant toutefois à ceux qui l'ont si artistiquement exploitée une gêne et un embarras remplis d'amertume, comme il arrive d'ordinaire après une conversion très-peu spontanée.

La loi nouvelle qui régit la presse l'a replacée sur sa véritable base. Mais les modifications qu'elle a subies ont frappé l'esprit routinier qui présidait à ses évolutions d'une stupeur tellement profonde, qu'elle n'a pu jusqu'à présent reprendre son équilibre, et qu'elle en est encore à rechercher le terrain sur lequel elle puisse se mouvoir à son aise. Du jour où son action offensive se vit paralysée, la presse s'est trouvée sans boussole et sans inspiration, flottant au hasard, cherchant son mot d'ordre dans les journaux étrangers, et négligeant, moitié par indifférence, moitié par timidité, la large part qui lui est toujours réservée dans la marche des choses humaines, en dehors de l'action officielle. Il y a là une grave erreur et une tendance déplorable. En effet, qu'a de commun la presse avec le gouvernement du pays? Toute usurpation qu'elle fait dans ce sens conduit directement, à travers la confusion dans les esprits, au désordre dans les choses. Le rôle de la presse est d'éclairer l'opinion, de combattre les préjugés, d'adhérer par la discussion à tout ce qui touche au progrès moral, matériel et intellectuel de l'homme et de la société en général, et d'éviter tout ce qui peut entraver la marche naturelle des choses. Tout ce qui est donc du ressort administratif, gouvernemental, ne lui appartient d'aucun droit; tout ce qui est en dehors constitue son domaine. C'est juste et logique, et certes c'est suffisant; mais, grâce à d'anciennes habitudes, ce rôle ne lui convient pas : entre les deux termes extrêmes du journalisme, l'abus et l'abandon de toute influence, elle n'a pas su trouver le milieu qui lui est propre, et au lieu de se saisir, avec vigueur et courage, de tous les sujets qui y abondent, elle a préféré, comme Achille, se retirer sous sa tente, au risque de se condamner à une *inaction inféconde*, qui pèsera sur ses destinées.

Les divers organes de la presse française n'ont jamais songé qu'à étendre leur influence personnelle, et leur rôle pour y parvenir a été de détruire tout ce qui faisait obstacle à leur ambition.

Habile à détruire, mais non à conserver, le journalisme n'a jamais rien créé, et son instinct d'opposition contre les hommes, et d'indifférence pour les choses, l'a rendu peu sympathique aux questions nationales, qu'il n'a jamais voulu et su approfondir. Et pourtant, pour procéder avec ordre, dans cette marche progressive que suit l'humanité, il faut que les rapports politiques des hommes soient réglés sur une base rationnelle et équitable, avant d'aborder avec succès ces réformes sociales dont on s'occupe tant, et qui ne peuvent s'opérer partiellement : il faut, à côté des *droits de l'homme*, reconnaître les *droits des nations*, car c'est à l'application rigoureuse de ces droits que se borne la tâche imposée aux temps modernes. Or, pour reconnaître et appliquer ces droits, il faut les étudier et les comprendre, et il ne suffira plus bientôt, du train dont marchent les choses, d'opposer un silence dédaigneux, ou une ironie de mauvais aloi, à des argumens puisés dans l'histoire et dans la nécessité de la situation.

On s'est plaint des entraves opposées à la liberté de la presse ; mais quelles sont donc ces libertés qu'on regrette si amèrement ? Est-ce la liberté des attaques personnelles, de la calomnie, de l'injustice, de l'exagération, des jugemens téméraires, des opinions de circonstance et de fantaisie ? Vous n'avez plus, il est vrai, le droit ni les moyens d'attaquer un gouvernement appuyé sur une base inattaquable ; il vous est impossible de faire de votre journal une machine de guerre, contre une individualité qui vous gêne ou vous déplaît ; vous n'avez plus l'espoir de faire adopter ou rejeter telle question administrative ou fiscale qui rentre dans votre programme ou y est opposée ; mais vous avez le droit d'agrandir et d'étendre votre point de vue, d'élargir votre horizon ; pourquoi n'en usez-vous pas ? Vous avez la liberté d'élever vos idées, de faire sortir vos discussions hors des barrières de Paris ; pourquoi ne le faites-vous pas? Vous semblez dédaigner toutes ces libertés, comme si elles ne valaient pas toutes celles que vous avez perdues.

Le gouvernement, par une sage tolérance, par une protection bien entendue, qu'il accorde à toutes les idées qui rentrent dans le domaine de sa mission, vous donne la latitude de vous occuper d'une question qui ne craint ni le grand jour ni la discussion. Quelle est donc la raison de ce silence? En vérité, on serait tenté de croire que le journalisme n'est plus aujourd'hui l'expression d'une opinion sincère et désintéressée; rouage inutile dans le domaine de la pensée, il n'est devenu qu'une spéculation plus ou moins lucrative, un commerce de parole à tant la ligne. Pourquoi tel journal, qui a poussé à la guerre avec tant d'ardeur, a-t-il changé si subitement de tactique? A-t-il reçu de ses abonnés des reproches à ce sujet? Quelques désabonnemens lui ont-ils fait peur, et craint-il à la fois de se taire et de parler? Et tel autre, jadis partisan de la paix à tout prix, puis impatient des lenteurs qui, à son avis, ont précédé l'ouverture des hostilités, n'ose-t-il plus, à l'heure qu'il est, s'ouvrir comme par le passé? Les gérans de sa propriété ont-ils obtenu que la polémique sur la question d'Orient, qui pourrait, dit-on, amener la baisse des fonds, serait abandonnée? D'autres, enfin, craignent-ils de contredire leur passé, de compromettre leur avenir ou de devancer une volonté qui ne s'est pas prononcée encore? Le seul journal qui ait parlé de la Lettre à l'Empereur l'a fait sans crainte, parce qu'il n'avait ni désabonnement à redouter, ni conseil d'administration à consulter, ni opinion supérieure à ménager.

Les intérêts mesquins qui guident la conduite de la presse française menacent de lui faire perdre la place honorable qu'elle a occupée, et qu'elle ne conserve que parce qu'on ignore en général qu'elle se laisse dominer par l'intérêt personnel : elle étudie les instincts de la masse de ses abonnés, et elle les flatte au lieu de les éclairer. On croit encore que la presse est dévouée au parti qu'elle représente, comme cela s'est vu jadis. Pure illusion que tout cela! Aujourd'hui son seul *parti* est d'obtenir de nombreux abonnés : c'est pour cela qu'elle cherche à rassurer tous les intérêts et sacrifie toutes les grandes idées au profit de sa caisse, car elle ne vit maintenant que pour elle-même et par elle-même.

On dira probablement : l'importance du journalisme, que vous semblez contester, doit être bien grande pourtant, puisque l'abstention de ses organes principaux, à propos d'une brochure inattendue, vous cause une irritation, qu'on pourrait bien prendre pour du dépit. Nous préférons aller au devant de cet argument et nous expliquer à ce sujet pour enlever à ceux qui voudraient raisonner sérieusement tout prétexte à la raillerie.

La cause que nous défendons a bien assez d'importance et de retentissement par elle-même pour se passer de tout appui équivoque en dehors du monde officiel. Le succès de la brochure nous importe peu; mais, si nous y étions intéressés, nous ne ferions que nous réjouir de l'importance que lui a donnée le silence peu sympathique de la presse. Notre opinion sur le journalisme ne saurait donc être l'effet d'une préoccupation personnelle ; nous trouvons seulement, en homme impartial et désintéressé, que le mutisme de la presse, en face d'une question aussi importante, mérite d'être jugé sévèrement, parce que les publicistes éminens qui dirigent le journalisme en France ont trop d'intelligence pour ne pas avoir compris la portée des événemens qui se préparent et les services qu'ils seraient appelés à rendre s'ils voulaient mettre d'accord leur expérience avec la politique nouvelle ; mais cette fusion répugne à leurs préjugés : ils ont une *fidélité à l'erreur* qui est remarquable dans une époque de doute et d'indifférence pour la vérité, et dont le trait distinctif est l'absence de toute conviction.

Ceci mérite quelque développement.

Le journalisme, nous l'avons dit déjà, n'a été compris en France, sous le régime représentatif, que comme un moyen de gouvernement. On retrouve donc, dans les principaux organes de la presse, le reflet des hommes qui ont gouverné la France depuis 1815 ; on y retrouve tous leurs défauts et toutes leurs qualités, brillantes, mais stériles : verve, finesse, légèreté, avec un tour railleur dans l'esprit ; à côté de cela la même incertitude dans la question intérieure, avec beaucoup d'insouciance pour les abus et d'intolérance pour les idées; dans la question extérieure, la même négligence de la dignité du pays. Le journalisme formé à cette école n'a été qu'une reproduction fidèle de toutes ces erreurs, de toutes ces contradictions; de là cette tenacité dans les *opinions*, allant de pair avec une absence complète de *convictions*. En un mot, le principe sacrifié à *l'homme* influent et à la *parole* éloquente, telle a été la morale du régime parlementaire en France. C'est surtout vrai depuis 1830 : l'influence des partis a grandi en les déconsidérant, et plus on s'occupait des hommes qui les représentaient, plus on abandonnait les intérêts permanens du pays.

Dans la politique extérieure principalement, on adopta un système contraire à toutes les traditions du passé; ce système consistait à voguer sans cesse entre deux courans opposés : une reconnaissance tacite du droit des opprimés et une résignation officielle devant les faits accomplis. Cette contradiction entre les actes et les paroles créa une situation impossible, qui devait aboutir à une catastrophe. En attendant, on ne vivait que d'expédiens, de concessions et d'attermoiemens, et on se croyait habile parce qu'on ajournait le danger. C'est à cette fausse habileté, qui a encore de nombreux partisans en France, malgré qu'elle soit contraire à tous les instincts du pays, que la presse a conservé une fidélité qu'il est impossible de justifier, car c'est à l'abri de cette temporisation irrationnelle que la Russie, ne tenant aucun compte des protestations sympathiques en faveur de la Pologne, et tournant à son profit toutes les faibles garanties qu'on imaginait pour assurer l'intégrité de l'Empire ottoman, en est arrivée au point où nous la voyons aujourd'hui, c'est-à-dire à être assez forte pour braver impunément l'Europe coalisée.

Croit-on qu'une intervention franche et hardie en faveur de la Pologne armée en 1831 n'aurait pas évité toutes les complications actuelles? Avec moins d'efforts qu'il n'en faut aujourd'hui pour prendre Sébastopol, toute tentative de la Russie sur Constantinople aurait été paralysée. Mais le règne de la *fausse habileté* commençait, l'intérêt de l'avenir fut sacrifié à des considérations dynastiques, et on se borna à quelques prôtes tations insignifiantes. Les torts et les erreurs du passé ont porté leurs fruits : un empiétement en amène un autre, et l'abandon de la Pologne en 1831 devait encourager la Russie et la pousser vers de nouvelles conquêtes.

Déjà, en février 1830, le comte de Nesselrode écrivait au grand-duc Constantin : « Nous laissons à la Turquie *la cer-* » *titude de sa ruine,* si elle essayait de nous braver une au- » tre fois. » Le prétexte n'aurait certes pas manqué, et cette parole aurait eu, sans aucun doute, une prompte exécution, si la guerre de Pologne, survenue quelques mois après, et les embarras qu'elle créa à la Russie n'en eussent retardé l'é- chéance.

La certitude de la ruine semble, il est vrai, avoir perdu quelques chances aujourd'hui ; mais la Russie a l'ambition patiente et la foi dans ses destinées, et c'est ce qui donne le succès.

Il n'y a qu'un retour *offensif, prompt et effectif* vers la vé- rité et la justice, ces bases éternelles de toute société, qui puisse réparer les dommages causés par les erreurs du passé ; ce re- tour semble être réservé au régime actuel ; l'impulsion en est donnée, mais la tâche est loin d'être accomplie. C'est aux hommes d'Etat à la mener à bonne fin, c'est aux publicistes à l'éclairer par la discussion. Mais faut-il donc que ces hommes d'État, que ces publicistes soient des hommes nouveaux, n'ayant aucune solidarité avec le passé, et serait-il vrai que les hommes de l'ancien régime fussent incapables de cette be- sogne ? A voir l'hésitation des uns, le silence des autres, on serait vraiment tenté de le supposer.

Le regret du passé se fait jour bien souvent par les efforts qu'on fait pour arrêter la marche des choses ; le manque de conviction se trahit par la crainte des complications, et il y a bien au fond de tout cela un secret espoir de voir aboutir la question d'Orient à quelque protocole, à quelque subterfuge diplomatique qui serait encore le triomphe éphémère de l'er- reur sur la vérité, et le sacrifice de l'intérêt élevé de l'avenir à l'intérêt vulgaire du moment. Vain espoir que tout cela, et illusions trompeuses ! La lutte est trop fortement engagée en- tre la vérité et le mensonge, pour qu'un compromis soit possible à l'heure qu'il est ; on aura beau nier l'évidence, altérer les faits, rechercher un nouveau terme de conciliation et d'entente cordiale, on n'arrivera à rien, car il n'y a plus que deux partis possibles en Europe, celui de la vérité et celui du mensonge ; l'un fera disparaître l'autre, mais ils ne peuvent se fondre en un troisième. Le camp de la vérité, ai-je besoin de le dire, c'est la France et l'Angleterre, avec toutes les nations menacées et opprimées ; le camp du mensonge, c'est la Russie avec son despotisme et son esclavage. Il n'y a de place dans le monde que pour ces deux drapeaux, tout autre serait brisé dans la mêlée.

Il y a des gens, pourtant, qui rêvent à un troisième camp ; ils y recrutent tous les préjugés, toutes les préventions, tous les engouemens de coteries, toutes les vanités mécontentes, toutes les illusions froissées, et prétendent, du haut de ces remparts, arrêter le mouvement des idées ; mais le temps de l'intrigue est passé ; ce troisième camp, qui n'est que le camp retranché de l'impuissance, s'affaissera sous le poids de ses propres erreurs, on passera outre et on n'en parlera plus.

Il pèsera une grave responsabilité sur ceux qui, ayant au moyen de la presse un puissant levier entre leurs mains, se taisent dans une question qui touche de si près à l'intérêt commun de l'Europe civilisée. N'y a-t-il donc rien à faire dans les circonstances actuelles ? Ne serait-ce pas à la hauteur d'un publiciste d'approfondir une situation qui n'a guère de précédent dans l'histoire, de se mettre à la recherche de cette synthèse politique qui doit réhabiliter le passé sans froisser les susceptibilités présentes, sans léser les intérêts existans ? Mais la presse française n'est guère à la hauteur de ces conceptions ; renfermée dans ses vues mesquines et étroites, dans ses petits intérêts et ses petites passions de partis, dans ses liquidations de quinzaine, elle ne veut pas franchir les limites qu'elle s'est tracées, et ne sait opposer à toutes les idées qui viennent la déranger dans ses habitudes que le silence ou le banal argument d'inopportunité. Triste symptôme de décadence et d'annihilation de vieillesse et de décrépitude !

Un journal anglais, qui se dit à juste titre l'organe de l'opinion publique en Angleterre, n'a pu, lui aussi (tant est grande

la puissance du lieu commun), trouver d'autre argument que *l'inopportunité* contre ce qu'il appelle *les conjectures sur la résurrection des nationalités déchues*. « La situation de l'Eu-
» rope, au dire du *Times*, est trop critique, et les problêmes
» posés devant nous trop compliqués, pour qu'il soit *opportun*
» de s'occuper de ce sujet (la Pologne). »

Quelle que soit l'autorité du *Times*, une phrase, à nos yeux, n'a guère le caractère d'infaillibilité. Pourquoi n'est-il pas opportun de s'occuper de ce sujet? Ce que vous appelez *une complication de plus*, nous le nommons une *conséquence rigoureuse*. La question commencée par les Lieux-Saints se débat aujourd'hui en Crimée; sont-ce des complications ou des conséquences rigoureuses? Que ne voulez-vous admettre la plus logique de toutes, la moins inopportune et la plus vraisemblable? Le même journal dit, dans le même article, que le prince de Metternich déclarait, en 1815, dans une note signée par lui, que le rétablissement d'une Pologne indépendante *satisferait les désirs de l'Autriche*. Or, je vous le demande, si les paroles du prince de Metternich, dont la prudence est connue, ne semblèrent pas inopportunes, au milieu des complications tout aussi graves sans doute que celles qui agitent l'Europe maintenant, comment se fait-il qu'une simple allusion à une éventualité analogue, formulée dans des conditions bien autrement favorables, soit réputée téméraire et inopportune par un des organes les plus importans de l'Angleterre? Tradition et routine, voilà le cercle vicieux dans lequel tournent tous les esprits et toutes les intelligences; hors de là, il n'y a pour eux que désordre et confusion. On fait la guerre à la Russie, mais, pour rendre hommage à la routine, on serait presque tenté de lui garantir toutes ses possessions! La nationalité n'est donc pas un droit, mais un brevet, un privilége! Il y a donc des nationalités brevetées, et d'autres que vous appelez, pour qu'on ne s'y trompe pas, *les nationalités déchues*. Cette distinction équivaut au droit de la force, admis comme dernière raison des peuples; ce ne peut être l'opinion d'un journal anglais, et c'est pourtant la conclusion forcée de son raisonnement.

Passons maintenant à d'autres argumens que j'ai entendu

énoncer à propos de la Lettre à l'Empereur, et qu'il me soit permis de m'adresser en bloc à tous les adversairees de la cause polonaise, à tous les incrédules, à tous les malveillans.

On croit diminuer la valeur des opinions de l'auteur de cette lettre, en disant qu'un Polonais seul a pu écrire avec cette profonde conviction, cette connaissance du sujet, cette entraînement qui rejette les timides raisonnemens pour arriver droit au but, la restauration de la Pologne. Et quand cela serait, comment cela pourrait-il amoindrir la force de ses argumens? D'ailleurs, pourquoi serait-il permis au prince de Wallerstein d'envisager les choses au point de vue allemand, au comte de Ficquelmont au point de vue autrichien, à M. de Girardin au point de vue français, à n'importe qui au point de vue russe? Nul n'y trouve à redire, on discute avec eux, on tient compte de leurs idées et de leurs prétentions nationales : pourquoi cette exclusion en faveur de la Pologne? Lui refuse-t-on par hasard son brevet de nationalité, parce qu'elle n'a pas de liste civile, de faveurs à accorder, et une armée de cent mille hommes sous les armes? Vous avez protesté pendant vingt ans en faveur de la nationalité polonaise. Vous vouliez de la Pologne quand elle n'était guère possible, vous n'en voulez plus quand elle devient nécessaire : quelle étrange contradiction! Mais vous aurez beau faire, cette nationalité retrouvera la place qui lui est due, car il est une force supérieure à vos timides spéculations, on y croyait même dans le monde païen, et dans le monde chrétien elle s'appelle *Providence*.

L'affranchissement politique, le respect aux nationalités, deviendra un dogme en politique qu'on ne pourra outrager impunément; c'est la foi en ce dogme qui sera l'inspiration de l'avenir. Ouvrez l'histoire, et vous verrez qu'il n'y a que les événemens accomplis en dehors des petites intrigues humaines qui ont ce cachet de grandeur et d'originalité, qui distingue la marche providentielle des choses : les œuvres humaines aboutissent d'ordinaire à des combinaisons obscures et incomplètes, les œuvres divines se déroulent lentement et majestueusement, brisant les obstacles et ne s'arrêtant qu'après avoir atteint leurs conséquences les plus absolues.

La question d'Orient est grosse de toutes les questions non

résolues qui agitent l'Europe depuis un demi-siècle ; le moment de la délivrance est venu, et il n'y a plus à reculer : les lois sociales sont aussi inflexibles que les lois physiques, et il faut les subir, même involontairement.

Que l'auteur de la Lettre à l'Empereur soit Polonais de naissance ou de conviction, cela importe peu à la cause qu'il défend : la grandeur et la légitimité d'une cause ne dépendent pas d'une antipathie ou d'une préférence. Je dirai même que dans une discussion d'intérêt commun, la couleur locale, le point de vue national, ne sont pas un tort, mais une recommandation ; toute appréciation de cette nature, en faisant même la part d'un entraînement tout à fait excusable, porte en elle-même une force déductive qu'il est impossible de contester, et que tout penseur sérieux ne doit ni négliger, ni dédaigner. Un homme d'État, un publiciste, un écrivain, tous ceux enfin qui font métier du travail de leur intelligence, ont tout à gagner si, aux autres qualités qu'ils possèdent, ils joignent un peu de patriotisme et de dévouement à la cause qu'ils soutiennent ou qu'ils représentent. Ce sentiment, tout en étant de création humaine, n'en est pas moins le meilleur flambeau en politique ; car, comme tout sentiment élevé, il se retrempe à une source divine, et devient, par le fait même, le complément obligé de toute appréciation, qui veut être juste, logique et divinatoire.

Qui jamais a songé à reprocher au cardinal de Richelieu, à Pitt ou au prince de Metternich, d'avoir eu des vues trop patriotiques ou trop nationales? Dans toutes les classes, dans toutes les positions, depuis l'homme d'Etat jusqu'au prolétaire, on a un droit égal au patriotisme, et je ne vois pas pourquoi il serait défendu à un Polonais d'être Polonais, d'aspirer à une existence politique et d'arrêter sur ce sujet l'attention distraite de l'Europe? En quoi, s'il vous plaît, l'intérêt autrichien ou bavarois est-il plus respectable et plus recommandable que l'intérêt polonais? Je voudrais bien qu'on s'expliquât là-dessus. En attendant, je soutiens, avec l'auteur de la Lettre à l'Empereur, que la Pologne, malgré les incrédulités hostiles qui l'entourent, est un gage de sécurité pour l'Europe, et non une complication pour elle.

La liberté d'une nation est tout aussi sacrée que celle de l'individu : la dernière peut n'être que *relative* de fait, sinon de droit ; la première doit être *absolue*, ce qui veut dire, d'après une belle définition de M. de Girardin, qu'elle n'est limitée que par la liberté des autres nations. Or, où serait cette liberté et cette indépendance, si à côté des nations privilégiées dont on parle sans cesse, pour lesquelles la Providence semble avoir réservé le monopole de ses bienfaits, il y en avait d'autres, proscrites et niées, dont le nom seul fait crier à l'inopportunité ? Cet état d'injustice peut-il durer éternellement ? N'y a-t-il pas là une grave erreur, et une cause incessante de perturbation ? L'égalité des droits politiques pour tous, c'est l'harmonie dans la nature ; vous aurez beau violer ses droits, vient un jour où vous êtes forcé d'y rentrer, car l'harmonie c'est la liberté, c'est le règne de Dieu sur cette terre.

J'entends dire aussi : « La question polonaise, devant être » la conclusion forcée des événemens auxquels nous assis- » tons, indiquez-nous donc les moyens d'arriver à ce résultat, » sans provoquer contre nous une coalition des trois puis- » sances du Nord ? Car il serait puéril d'imaginer qu'elles » renonceront de bon gré à des provinces qu'elles ont ac- » quises, et qu'elles possèdent depuis plus d'un demi-siècle. »

Plus un argument est banal, plus il semble irrécusable à bien des gens, qui se croient des conservateurs par excellence, parce qu'ils aiment l'empereur Nicolas, et qu'ils ont une foi aveugle dans les coalitions contre la France. Les circonstances ont changé, et surtout les intérêts, et je ne vois pas trop quel but aurait aujourd'hui une coalition contre la France : de quel côté croyez-vous donc qu'est l'esprit de conquête et d'envahissement ? La France avec l'Angleterre ont arboré le drapeau de l'ordre et de la conservation, et combattent, étroitement unies, pour le triomphe du droit et de la justice. La Russie s'est saisie du drapeau du désordre et de la révolution dans tout ce qu'elle a d'envahissant et de dangereux : c'est donc agir en *conservateur* que de pousser au rétablissement de ce qui a été détruit injustement ; c'est agir et penser en *révolutionnaire* que d'espérer et d'appeler de tous ses vœux le maintien du *statu quo*, qui ne serait que la sanction de tous les abus et de toutes les usurpations. Tout ce qu'on a dit sur l'ordre dans ces derniers temps n'a amené que du trouble dans les idées; car il est dans la nature des définitions spécieuses et raffinées d'égarer la conscience du genre humain : tant que le droit et la justice ne seront pas le seul critérium de tous les raisonne-mens, de toutes les appréciations, le mensonge et l'hypocrisie pèseront sur la société de toute leur influence délétère.

L'adhésion de l'Allemagne aux idées d'ordre, de justice, et de liberté, représentées par les puissances occidentales, a été bien plus sensible qu'en France : malgré un vieux levain de méfiance, malgré une malveillance habilement exploitée, la sympathie de l'Allemagne pour les puissances occidentales n'est plus guère douteuse; c'est une des conquêtes les plus glorieuses et les plus importantes de la guerre actuelle. La presse allemande est presque unanime pour prêcher l'alliance intime avec l'Occident, ses organes les plus sérieux ont pris une position tranchée à cet égard. C'est à l'Autriche que revient l'honneur de cette initiative, car l'Autriche ne s'est jamais aveuglée sur ses véritables intérêts. Malgré les invectives de quelques journaux anglais, elle marche résolument et habilement vers le but qu'elle s'est proposé, et elle est la seule puissance, peut-être, qui soit préparée à l'heure qu'il est à toutes les éventualités de l'avenir. L'hésitation du cabinet de Vienne, dont on s'inquiète tant, ne nous semble être qu'une divergence d'opinions sur les moyens les plus surs à em-ployer, pour arriver à abattre la prépondérance de la Russie. Aujourd'hui, comme du temps de Marie-Thérèse, l'Autriche n'est pas hostile à la Pologne, et ne serait nullement gênée de son voisinage.

Voilà ce que disait le prince de Metternich dans la même note de 1815, citée par le *Times :* « La Pologne indépendante » n'a jamais été notre ennemie, et la politique de l'Autriche » lui a été favorable, jusqu'aux traités de 1772 et de 1797, » auxquels elle a consenti sous la pression des circonstances, » *indépendamment de la volonté des empereurs d'Autriche.*» Ces paroles méritent d'être reproduites, parce qu'elles ont une valeur d'actualité incontestable. La volonté des empe-reurs d'Autriche n'a donc eu, comme on le voit, qu'un seul

tort, c'est d'avoir cédé *à la pression des circonstances :* mais
pourquoi cette volonté ne rentrerait-elle pas aujourd'hui
dans son libre arbitre, lorsque les intérêts mêmes de l'Empire
l'y engagent? En effet, croit-on, qu'avec une Pologne indépendante, l'Autriche serait menacée, comme elle l'est, par
des armées formidables échelonnées depuis la Mer Noire jusqu'à Varsovie, et qu'elle se verrait dans la nécesssité de veiller
dans ses propres états aux progrès de cette propagande pans-
laviste, que la Russie a inventée contre elle, et dont elle saura
se servir au besoin.

Mais à quoi sert de développer tout cela : vous ne croyez
pas au courant d'idées opposées à vos préventions routiniè-
res, vous ne croyez ni à un instinct élevé, ni à une force supérieure, ni au changement que la civilisation amène dans les
intérêts des hommes : votre croyance se borne à l'immobilité
dans les choses, au respect des faits accomplis, à l'importance
des évènemens arrangés minutieusement par les hommes, et
pliés à leur convenance. Là est l'explication de vos doutes et
de votre hostilité contre tout ce qui vit et progresse.

Quand on veut mériter le nom de publiciste, il faut tâcher
de voir clair dans une situation ; or, comment y arriver si on
ne pose hardiment les questions, si on ne les discute au grand
jour? On se doit des ménagemens de gouvernement à gouvernement, de souverain à souverain ; mais d'homme à
homme, de peuple à peuple, on se doit la vérité avec toutes
ses déductions philosophiques, car c'est ainsi que se forme
l'opinion publique, qu'une idée qui a germé trouve son
point d'appui et son développement. Le rôle d'un homme
pensant n'est pas d'éteindre une idée ou de la dénaturer,
mais de l'approfondir et de l'éclairer ; là doivent se borner
nos efforts : aller plus loin, c'est empiéter sur l'action gou-
vernementale, qui doit rester aussi libre que la pensée. Il ne
s'agit donc pas des *moyens* à employer ; il s'agit de démontrer
que la cause polonaise est inhérente à la question d'Orient,
ou prouver le contraire d'une manière rationnelle : Je pose
en principe, avec l'auteur de la Lettre à l'Empereur, que,
dans une guerre entre la Russie et l'Europe, la question polonaise doit surgir nécessairement ; vous croyez le contraire,

vous espérez que toute l'action se bornera à la destruction de quelques ports et de quelques vaisseaux, et à l'affranchissement des principautés du joug exclusif de la Russie. Les argumens en faveur de la thèse que je soutiens ont été plus ou moins bien développés, vous n'y avez répondu que par le silence ; qui de nous a raison, c'est à l'avenir à en décider. Laissons aux gouvernemens leurs attributions, les *moyens* les regardent, et ils en seront responsables devant la postérité ; quant à nous, mettons notre plume et notre intelligence au service des idées grandes et généreuses, des nobles aspirations d'un peuple qui mérite toutes nos sympathies, et qui se trouve heureux de voir sa cause liée à celle de l'ordre, de la justice, et de la sécurité de l'Europe.

Les gens influens qui dirigent l'opinion en France et la livrent toute faite à ceux qui n'ont ni le temps, ni la patience de se la former eux-mêmes, ont le tort inexcusable à nos yeux de neutraliser toute idée qui se fait jour, par des phrases de convention, par des définitions superficielles et surannées, qui ne tiennent compte ni de la différence des temps, ni du progrès des choses. Il était convenu avant 1848 d'accueillir toute allusion à la Pologne par des paroles de sympathie et de commisération qui semblaient être faites pour exclure toute discussion : on en est là encore, avec un brin de malveillance de plus, et on ne s'occupe guère du changement qui est survenu dans la situation : c'est pourtant la chose principale, car les circonstances doivent nécessairement modifier les appréciations.

Pour tout observateur attentif et consciencieux, la question d'Orient n'est plus ce qu'elle semblait être ; née d'un antagonisme dont l'origine est ancienne et dont les symptômes divers ont souvent déjà menacé d'embrâser l'Europe, elle est devenue aujourd'hui une lutte entre deux principes opposés, où il s'agit de l'indépendance et de l'inviolabilité de tous les peuples ; tel est le caractère nouveau qu'elle tend à prendre et qui constitue le principal élément de sa force ; il ne lui est resté de son origine que le nom de baptême ; les faits prodigieux auxquels nous assistons depuis six mois n'ont pas d'autre signification.

Le terme corrélatif à l'intégrité de la Turquie, est l'abaissement de la prépondérance de la Russie, car prépondérance de la Russie et intégrité de l'Empire ottoman sont deux idées qui ne peuvent s'accorder. Or, comment abattre la Russie, si l'on ne relève la Pologne? Toute tentative contre la Russie qui voudra se passer de ce moyen devra échouer à la longue ; en lui faisant une guerre ordinaire, en lui infligeant même des désastres, on n'arrivera qu'à réveiller en Russie des forces nouvelles dont elle n'a pas encore la conscience elle-même ; ces forces, étouffées jusqu'à présent par un despotisme abrutissant et corrupteur, deviendront bien plus redoutables pour le monde que les nombreuses baïonnettes dont le czar peut disposer aujourd'hui. Qu la Russie se débarrasse de son *czarisme*, de sa religion d'Etat, de sa vénalité administrative et de son esclavage, qu'après cela elle arbore le drapeau d'un panslavisme fédératif, et nul doute que ce drapeau, peu sympathique aujourd'hui, deviendra un point de ralliement pour les cent millions de Slaves courbés sous un joug étranger. Que fera alors l'Europe avec toutes ses armées, pour arrêter le débordement de cette race régénérée?

La Pologne, avec ses souvenirs historisques, avec sa civilisation toute occidentale, avec son aristocratie encore puissante et toujours patriotique, *est l'élément conservateur de la race slave ;* dominée par la Russie, elle a sur elle la supériorité du rang et de l'âge et entre pour la plus large part dans le principe qui constitue sa prépondérance en Europe; il est donc tout naturel qu'elle ait le droit de réclamer sa place dans l'actualité des événemens et dans leur développement ultérieur. On aura beau marchander avec la situation, elle sera inexorable comme le destin ; après l'évacuation des Principautés devait venir Sébastopol, après Sébastopol viendra la Pologne, tel est l'enchaînement logique des choses.

Dans cette question qui se pose, en dépit de la malveillance des hommes du passé, il y a une impulsion providentielle qu'il est bon de constater ; c'est aux gens de l'avenir qu'il appartient de soutenir cette impulsion et de la défendre contre toute fausse interprétation. Je sais que la cause polonaise, avant d'obtenir son droit de naturalisation en France, doi

faire le triste apprentissage du doute et de l'indifférence;
n'importe! notre devoir est de rechercher la vérité, de la
mettre, pour ainsi dire en action, de l'incarner dans la réa-
lité et de concourir par là au triomphe d'une cause dont
nous sommes le champion déclaré.

Je terminerai par quelques citations qu'on ne saurait trop
répéter et qui prouveront jusqu'à l'évidence le travail systé-
matique de la Russie dans un sens qu'elle désavoue aujour-
d'hui et qu'elle voudrait à tout prix dissimuler. Je citerai les
paroles d'un des diplomates le plus justement célèbre qui a fait
école en Russie et dont la tradition est fidèlement suivie. Après
avoir fait le tableau des dispositions des principales cours de
l'Europe, voilà ce qu'écrivait le comte Pozzo di Borgo, le 16
octobre 1825, requis d'émettre son opinion sur l'union qui
semblait s'être formée entre les puissances pour arrêter les
projets de la Russie sur Constantinople : « Tout nous impose
» l'obligation de nous montrer *inexorables* et de soutenir par
» la force *les droits que la force prétendrait nous contes-*
» *ter*..... » Dans la même dépêche, quelques lignes plus
loin : « Du côté de la Turquie, il faudrait donc avoir tout
» prêt pour pénétrer même *jusqu'à la capitale*, si nous
» étions forcé à prendre cette résolution. La promptitude de
» l'opération en diminuerait les dangers. » Ailleurs, en par-
lant de l'Angleterre, la dépêche s'exprime ainsi : « Elle (l'An-
» gleterre) a été soupçonneuse et jalouse, ce qui nous an-
» nonce qu'elle peut devenir hostile..... Cette guerre pourra
» nous faire du mal, mais elle ne leur (aux Anglais) produira
» aucune compensation, parce qu'ils *n'ont pas de prise posi-*
» *tive sur nous.* » Voilà ce qui est à l'adresse de l'Autriche :
« Notre politique nous commande de nous montrer à cette
» dernière (à l'Autriche) sous un aspect terrible et de la per-
» suader, par nos préparatifs, que si elle fait un mouvement
» contre nous, *elle verra éclater sur sa tête un des plus*
» *grands orages qu'elle ait encore essuyés.* » Quant à la
France, voici comment M. le comte Pozzo di Borgo ose s'ex-
primer à son sujet : « La France serait donc traitée comme
» un gladiateur qu'on mène à l'arène pour le plaisir de le
» voir mourir. De plus, où choisirait-elle son champ de ba-

» taille? ses flottes n'ajouteraient rien à la force de l'Angle-
» terre, et ses armées, si toutefois elles parvenaient à se
» mettre en contact avec nous, ce qui nous paraît impossible,
» *savent le sort qui les attend.* » (1)

Toutes ces appréciations, faites en vue d'encourager et d'exciter l'ambition traditionnelle de la Russie et pour préparer le triomphe de la force, méritent de fixer l'attention de ceux qui ont pris en main la défense du droit et de la justice. Aujourd'hui, comme en 1825, la Russie est décidée à *se montrer inexorable* : comme en 1825, elle croit que l'Angleterre *n'a pas de prise sur elle*, et plus qu'en 1825 elle tient *à faire éclater sur la tête de l'Autriche le plus grand orage qu'elle ait jamais essuyé.* C'est à l'Europe, éclairée par ces antécédens, à veiller sur ses propres intérêts; il ne s'agit plus déjà de *défendre la paix*, comme le dit M. de Lamartine, mais il s'agit de la *conquérir*; et le seul moyen d'y arriver est d'entrer dans le vif de la question, d'aller franchement au devant des éventualités et non de se laisser surprendre par elles.

Les lignes qu'on vient de lire étaient à moitié publiées, lorsque le *Journal des Débats* du 20 novembre nous fit la surprise d'un article sur la Pologne. Les réserves timides dont se sert M. Saint-Marc Girardin pour excuser son intervention dans une affaire qu'il veut bien appeler *une bonne fortune inespérée* pour la Pologne, trahissent une préoccupation étrangère au sujet et une absence complète de convictions. M. Saint-Marc Girardin se passerait volontiers d'un remaniement de l'Europe, mais le subirait pourtant, s'il le fallait absolument; aussi son article est plutôt une concession à *une question qui se fait jour* qu'une généreuse initiative. Il en convient lui-même lorsqu'il dit : « Nous nous sommes décidés à parler de la Pologne, parce qu'on en parle en Angleterre et même en Allemagne. » N'importe, c'est toujours un bel et bon article, spirituel à force de contradictions, et consolant à force de modération.

En effet, il n'est guère possible d'élever de plus humbles

<hr>

(1) Ces citations sont tirées d'un ouvrage intitulé : Recueil de documens relatifs à la Russie, etc.; à Paris, chez Pagnerre, 1854. »

prétentions pour une cause qu'on *a toujours reconnue et soutenue*. Voilà le raisonnement de M. Saint-Marc Girardin, que je cite textuellement : « Si la guerre, comme nous voulons » l'espérer encore, peut s'arrêter et aboutir à une paix hono- » rable et durable, la question polonaise n'est point oppor- » tune, *et il vaut mieux la laisser de côté..* » J'apprécie cette franchise ; sinon, c'est-à-dire « si la guerre, comme il y » a lieu de le craindre en ce moment, doit se prolonger, et par » conséquent s'étendre dans ses moyens et dans son but, » alors les droits de la Pologne se bornent aux termes des traités de 1815. La cause polonaise n'aurait donc, pour M. Saint-Marc Girardin, qu'autant de valeur qu'elle servirait au renou-vellement des traités de 1815, dans tout ce qu'ils ont de faux et d'impossible, en conservant à la Russie la part du lion dans toute son intégrité.

A notre avis, c'est tout le contraire qui est à désirer. Les traités de Vienne n'ont plus guère de signification à nos yeux. Si le partage de la Pologne a été une iniquité, si, comme le dit M. Saint-Marc Girardin lui-même, ce partage a été la plus grave atteinte à l'équilibre européen, les droits de ce pays nous semblent antérieurs aux traités qui l'en ont dépouillé. La demi-mesure prise par les puissances, en 1815, à l'égard de la Pologne, au lieu d'assurer à l'Europe une paix solide et honorable, n'a été que le germe de toutes les complications actuelles. Il serait donc insensé de recommencer une épreuve condamnée par l'expérience, et de prendre pour point de dé-part une faute et une fiction, d'autant moins excusable qu'elle a été l'œuvre commune.

Nous ne voulons rien exagérer, mais il est permis de sou-tenir qu'en créant un simulacre de Pologne, sans force et sans consistance, on ne ferait que livrer de rechef ce malheureux pays en proie à sa puissante voisine, qui ne manquera cer-tes pas de mettre à profit les circonstances.

Nous sommes au regret de ne pouvoir nous étendre plus au long sur l'article du *Journal des Débats*. Nous tenons pour-tant à relever une phrase qu'il est impossible de laisser passer inaperçue. Sait-on pourquoi M. Saint-Marc Girardin a hésité à parler jusqu'à présent de la question polonaise? Il nous le dit lui-même : *Parce que la question polonaise est impopulaire depuis 1848.* Pourquoi est-elle impopulaire? *Parce qu'elle porte la peine de la journée du 15 mai. Elle est impopulaire comme la liberté et comme le libéralisme.*

A part cette flatteuse comparaison, je croyais me tromper en lisant ces lignes si peu sérieuses. Mais le mot restera : *On ne s'occupe pas de la Pologne, parce qu'elle est impopulaire!* Nous avons cru jusqu'à présent que, lorsqu'une cause était juste, la plus belle tâche de la presse était de la rendre populaire, mais il paraît que nous nous sommes trompés ; il faut qu'une cause commence par être populaire, n'importe de quelle manière, et alors on en parlera.

Parce qu'un intrigant ambitieux, qui se nomme Blanqui, abuse du nom de la Pologne pour violer le sanctuaire des représentans du pays, une cause sacrée devient *impopulaire;* parce qu'une poignée de gens sans aveu se trouve entraînée, par le malheur et le désespoir, à se jeter derrière des barricades, toute une nation est réputée révolutionnaire et ennemie naturelle de l'ordre social! Mais c'est absurde à force d'exagération! Si telle est, d'après M. Saint-Marc Girardin, l'opinion *des financiers et des hommes d'État,* nous plaignons les hommes d'État et les financiers, et encore plus le pays qui est victime d'une semblable calomnie.

Ne soyons pas si prompts à condamner sur des apparences trompeuses. Quelle est aujourd'hui la nation, en Europe, qui soit vierge de tout excès et de toute barricade? Souvenons-nous de la parabole de la Femme adultère, et transportons, s'il est possible, la discussion sur un terrain plus sérieux que celui des récriminations et des suppositions injurieuses vis-à-vis d'une nation qui a, comme toute autre, sa dignité à sauvegarder, et, plus que toute autre, son indépendance politique à reconquérir.

Paris, ce 20 novembre.

Paris. — Typ. française et anglaise de E. Brière et Cᵉ, rue Ste-Anne, 55.

Lettre à l'Empereur, sur la question d'Orient, 2e édition,
brochure in-8°. . . . . 75 c.

La Pologne rétablie dans son intégrité comme solution positive à la question d'Orient, 2e édition grand in-8°. 1 fr. 50 c.

Recueil de documents relatifs à la Russie, pour la plupart secrets et inédits, utiles à consulter dans la crise actuelle, 1 fort volume in-8°. . . . . 9 fr.

PARIS,

IMPRIMERIE FRANÇAISE ET ANGLAISE DE E. BRIÈRE ET Cᵉ,

RUE SAINTE-ANNE, 55.